ich

dazu
fällt mir
nichts
ein

kurzstorys & poems
martin christen

gestaltung, illustrationen, fotos: martin christen

© 2022 Christen, Martin
Herstellung und Verlag: BoD – Books on Demand, Norderstedt
ISBN: 9783756203116

ich

dazu
fällt mir
nichts
ein

kurzstorys

wenn die
schneeflocken

herumwirbeln, einen lebendigen schleier, einen
vorhang bildend, einen grob gesponnenen,
fliehenden nebel, und mich langsam einhüllen,
zudecken mit einer sanften, weichen, eiskalten
schicht, meinen körper begraben unter sich, dann
ist es zeit, die frage zu stellen: wo warst du
gestern.

meine schwestern und brüder

heute nun möchte ich das wort ergreifen, um das auszudrücken, was ich schon längst einmal hätte sagen wollen, nämlich, dass ich froh bin, dass es euch gibt. mehr als froh: dankbar. dass ich dankbar bin, dass ihr existiert. dass ich ohne euch nicht hätte leben können. dass ich mit euch zu dem geworden bin, was ich bin: tot.

sie stand auf

und begann das geschirr abzutrocknen: erst die
teller, dann die tassen, die gläser, das besteck. nun
setzte sie sich wieder und strickte weiter. die
fenster waren geschlossen. das rauschen des
verkehrs erfüllte den raum. der wellensittich im
käfig war gelb.

herr l.

setzte sich an sein pult, schob mit beiden händen
blätter, hefte, zeitungsausschnitte, sichtmäppchen,
couverts, briefe beiseite, nahm ein blatt papier,
suchte einen kugelschreiber, fand keinen, packte
einen ungespitzten farbstift und begann zu
schreiben: stichworte waren es, die er sich
notierte, eine liste der zu erledigenden arbeiten,
ungeordnet, unsystematisch, in der reihenfolge,
wie es ihm gerade einfiel. dann erhob er sich
wieder, ging ins wohnzimmer und schaltete den
fernseher ein.

die rosskastanie

es war einmal eine rosskastanie, die still vor sich
hin lebte.
leider ist dieses märchen erfunden.
wäre es nicht erfunden: wie gerne wäre ich eine
rosskastanie.

die hotelrechnung

lag auf dem tisch. wer würde sie bezahlen? wer
hätte das nötige kleingeld? ich? er? sie? oder?
nie werden wir das erfahren, soll man doch die
geschichten dort abbrechen, wo sie am
spannendsten sind.
trotzdem betrachtete ich die hotelrechnung,
lächelte und sprang auf mein gesatteltes pferd.

meine liebe gemeinde

stellen sie sich vor, ich sässe nicht hier vor ihnen und spräche von dem, was ich jetzt rede. stellen sie sich vor, sie sässen nicht hier und hörten zu, was ich – wäre ich hier – zu ihnen sagen würde. ich wäre aber nicht hier, ebenso wie sie nicht hier wären.
stellen sie sich vor, gott existierte in unserer vorstellung genau so, wie ich in ihrer und sie in meiner vorstellung nicht existierten, wenn wir uns einbildeten, niemand von uns wäre da. das wäre doch schrecklich.
zum glück gäbe es dazu den pslam dreiundfünfzig, pagaraph sieben, echolot zwei.

nach zwei jahren

isolationshaft hätten sich die beiden
mutmasslichen terroristen zum erstenmal wieder
gesehen. die frau habe die faust erhoben im
gerichtssaal, nur eine hand habe sich im
zuschauerraum darauf in die höhe gestreckt und
ebenfalls zur faust geballt. die verhandlungen
sollen zwei bis drei jahre dauern, obwohl die
beiden peinlich genau buch geführt hätten über
die ihnen vorgeworfenen verbrechen. die
terroristen hätten resigniert. der rechtsstaat habe
gesiegt. das land sei gesäubert.

gestern

habe ich zwei pferde überfahren. leider mussten
sie geschlachtet werden.
wie hat sich da der pferdemetzger gefreut.

vorgestern
habe ich zwei grossväter erwischt. wie sie den
rasen betreten wollten. unerlaubterweise.
die ohren hab ich ihnen langgezogen. die ohren.

heute morgen
hab ich zwei rehe erschossen. glatte durchschüsse:
hier rein, da raus. nicht mal geröchelt haben sie.
sofort tot.
wie schön.

18

der hellraumprojektor

summte ein fröhliches lied. die elstern starben. der
französische garderobenständer zerfiel zu staub.
herr meier trat ein und sagte: entschuldigung, bin
ich hier richtig.

stillgestanden.

nicht mehr gerührt. keine bewegung. maul halten.
ohren auf. wirds bald. ruhe dorthinten. bauch ein.
knie gestreckt. schulter hoch. augen auf. maul zu.
brust raus. arme straff. hals gespannt. arsch flach.
rücken grade. helm auf. kopf zu.
auf
wieder
sehn.

frisch

vom baum gefallen, beklagte sich eines tages ein
huhn bei seinem vorgesetzten. wie kommt es, dass
immer ich es sein muss, die zuerst am boden
landet. denk nach!, war die kluge antwort des
vorgesetzten.

an einem sängerfest

an dem lauter sängerinnen und
sänger teilnahmen, missglückte einem
sänger eine bestimmte passage auf
eine ausserordentliche weise völlig.

erst nach einer zweistündigen
trostpause, nach vielem zureden und
zusingen, war der arme wieder dazu
zu bewegen, den gewohnten gesang
erneut aufzunehmen.

noch heute ist es an allen
sängerfesten üblich, anstelle dieser
bestimmten passage eine
gedenkminute einzuschalten.

allerdings: der sängerfeste werden je
länger desto weniger.

wo liegen wohl die ursachen
wo wohl.
wo.

meine brosche ist mir

in den kaffee gefallen, sagte eine
dame am nebentisch.
wenn sie mir bei der suche helfen
könnten, wäre ich ihnen sehr
verbunden.

einmal war ich

einem schwan aus versehen auf den
kopf getreten.
oh, entschuldigen sie bitte die
technische störung!, rief ich in
meiner ratlosigkeit aus.
nur keine umstände. riechen sie mal!,
erwiderte der schwan und streckte
mir seine zunge entgegen.

normalerweise

hätte ich die bank auch ohne pistole
überfallen, meinte der verbrecher
nach seiner verhaftung.
doch wie das leben so spielt: lieber
eine pistole als keine bank.

ich regte mich ja gar

nicht auf.
und das war es gerade, was die
andern so aufregte.
jemand, der sich nicht aufregte, dass
es das gab.
trotzdem halfen sie mir später in den
mantel.

liebe angehörige

staub zu staub und erde zu erde. es
werde licht. keiner zu klein.
wieder einmal hat es gott gefallen.
mensch: woher – wohin.

liebe angehörige.
versammelt hier, um des
verstorbenen zu gedenken. ihn zu
ehren. sein letztes geleit. auf seinem
heimweg. heim. zu ihm. und wir seine
begleiter.

ja, liebe mütter und väter.
der tote hier mitten unter uns. unter
euch. er hat gegeben und wieder
genommen. denn selig sind die
gebenden. wie auch die nehmenden.
die schenkenden. und die
beschenkten. die tragenden und die
getragenen. die führenden und die
geführten. die liebenden und die
geliebten. die lebenden und die
gelebten. die sprechenden und die
gesprochenen. die fahrenden und die
gefahrenen. und überfahrenen.

wir alle sind gemeint.

liebe töchter und söhne.
sie und ich. wir, die
zurückgebliebenen. im stich
gelassenen. hier versammelten. des
toten gedenkenden. ihm die letzte
ehre erweisenden.

wir alle sind doch kinder gottes.
unseres vaters, grossvaters und
urgrossvaters. im himmel wie auf
erden.

sind doch,
liebe schwestern und brüder,
geboren, um zu sterben. leben, um
des todes willen. der tod ist uns
gewiss, gewisser als das leben.
dazwischen. zwischen anfang und
ende. auf- und untergang. tod und
tod. wie sinnlos ist doch der mensch.
und die schöpfung. und die
herrlichkeit. in ewigkeit. aber:

lieber verstorbener,
bist nicht du der einzige lebende
unter uns. du, der auferstandene. hast
es überstanden. das leben, das
sogenannte. bist hinüber. nicht mehr.
zwar. doch frei. frei von den zwängen
der gelebten. hast dich befreit.

abgestreift die wurzeln allen übels.
lebst.

liebe tote.
gedenken wir des lebenden unter uns.
sein erstes geleit. die erste ehre. der
anfang am ende.

übungsablauf

da versammelten sich doch letzthin in
einem lächerlichen keller einige
erwachsene männer, setzten sich um
einen tisch, zogen blaue uniformen
an, redeten über dieses und jenes,
zeichneten farbige strichlein auf
plastikfolien, schrieben supponierte
unglücksfälle auf karierte zettelchen,
reichten diese einander weiter mit
einer ernsthaftigkeit, die das
lächerliche dieser ganzen übung erst
recht bewusst machte.

zu einem höhepunkt kam es aber erst,
als noch einige grüne erwachsene, die
mit ihren grünen autos von weither
angereist waren, hinzutraten und mit
den blauen männern ein erregendes
sinnloses gespräch über
wasserschläuche zu führen begannen,
dieses und jenes bedachten, in
wiedererwägung zogen und wieder
verwarfen, sich in rapporten suhlten,
verantwortlichkeiten abgrenzten,
bedürfnisse abklärten, dispositionen
diskutierten, sich mit höflichsten

worten belangloseste dinge viermal
wiederholten, schwatzten und wichtig
taten und dabei die 800 menschen
vergassen, die 400 meter entfernt
jämmerlich verbrannten.

auch der schinken zwischen den
beiden brotscheiben war geräuchert.

mein robinson

hatte sich vorzeiten im laufgitter
meiner träume verirrt.
seither blieb er verschollen.
nur gelegentlich erinnere ich mich
an seine tropfenden augenhöhlen.

ein eichhörnchen

verliebte sich
einmal in einen pflug.
trotzdem glaubte es nicht, dass
gott existiert.

schneewittchen

der persische golf und ein taifun
machten sich auf die wanderschaft.
niemand kam irgendwo an.

spüren sie das

fragte mich mein mörder
nach meiner ermordung.
natürlich, sie arschloch, erwiderte ich schlagfertig.

achheidn

gestern
sei
heidn
von einem dachziegel
erschlagen worden

er
habe sich
zwar noch einmal
zum allerletzten mal
erhoben
sei
dann aber
tot
zusammengebrochen

dabei
sei
er doch
ein so netter
gewesen
der
herr heidn

---

in seiner tiefkültruhe
habe man ihn
heidn
gefunden
zusammengekrümmt
wie zwei
servelatwürste

auf so ein ende
habe
nichts
hingedeutet

nichts

---

offenbar
habe
heidn
beim überqueren der reussbrücke
auf seinem bike
das gleichgewicht verloren
und
sei
danach über das brückengeländer
in die reuss
gestürzt

sieben tage später
habe man ihn
im rechen des wasserkraftwerks
bei koblenz
gefunden

tot natürlich
ertrunken

sein bike
sei noch immer
angelehnt gewesen
am brückengeländer
denn
niemand
habe
ihn
vermisst

---

heidn
habe ihr noch
zugewunken
respektive
zugewinkt
was ihn jedoch
vom verkehr
abgelenkt haben müsse
wie sie vermute
denn
in dem moment
als er den kopf
wieder
abgewendet habe
sei
er
heidn
frontal vom 28-tönner
erfasst
kurz mitgeschleift
und danach
von allen drei lkw-hinterrädern
überrollt worden

sie
habe
ihm noch etwas
zurufen wollen
aber da sei es schon
zu spät
gewesen

die blutspur
sei
noch tagelang
zu sehen gewesen
und
die
beerdigung
könne
erst stattfinden
wenn der unfallhergang
komplett
geklärt sei

so
sei
das gewesen

nicht schön

sie
habe
noch heute
alpträume

nicht schön
sowas
wirklich
nicht schön

---

er
müsse
gestolpert
oder ausgerutscht
oder den fuss
vertreten haben
dort oben
in seiner wohnung
mitten in der nacht
wo ihn
sein sohn
am nächsten morgen
gefunden habe

die kopfwunde
stamme
wahrscheinlich von der tischkante
die wunde am bauch
von einem am boden liegenden glas
auf das er gestürzt sei
und mit dem gebrochenen handgelenk
habe
er
sich offenbar im letzten moment noch
abstützen wollen

ein verbrechen
so die polizei
könne ausgeschlossen
werden

das licht
nicht
einzuschalten
sei
nachts
auf dem weg zur toilette
nicht zu empfehlen
auch nicht
aus
stromspargründen

---

sie
habe sich
dabei
nichts gedacht
dass heidn
während des telefongesprächs
plötzlich
nichts mehr gesagt
sondern
geschwiegen habe

das
komme
doch relativ oft
vor
dass gespräche
unterbrochen würden
da man
nanchmal unbewusst
das handy irgendwo
berühre
und dass dieses
auf diese berührung
auf irgendeine
unerwartete weise
reagiere

dass heidn
während des telefonats mit ihr
an einem

hirnkrampf
gestorben sei
tue
ihr
sehr leid

sie
habe
erst
als er auf ihre frage
was er dazu
meine
gemerkt
dass er
wahrscheinlich unbewusst
das gespräch
beendet habe

es
könne
aber auch durchaus
sein
dass sie
ungewollt
durch irgendeine bewegung
die leitung
unterbrochen habe

die verbindung
sei

noch immer
dagewesen
als man seinen tod
festgestellt
habe

sie
sei
demnach
die letzte
gewesen
mit der er noch
gesprochen habe
und sie
habe
eigentlich
seinen tod
live
miterlebt

man solle sich
das
mal
vorstellen

live

---

bevor
heidn
gestorben sei
habe
er noch gelacht

das
sei
nichts
ihm
sei
oft schwindlig
und er
habe
das im griff
mit wassertrinken
und liegestützen

doch diesmal
sei
es
anders
gewesen

er
habe
zwar in der küche noch
direkt vom wasserhahn
eine menge wasser getrunken
und sich darauf flach auf den boden

gelegt
und lachend
gesagt
es
sei
so wie ein feuerwerk hinter seinen augen
im gehirn
so eine art
erstaugustvulkan
der da hell leuchte
und jetzt
brauche
es
einfach ein paar liegestütze
um die blutzirkulation im hirn
anzutreiben

aber nach fünf minuten
habe
er noch keinen einzigen liegestütz
fertiggebracht gehabt
und er
habe
nicht einmal mehr geatmet
was beunruhigend
gewesen sei

und als dann die ärztin
seinen tod
festgestellt habe

sei das schon ein trauriger moment gewesen

eben
habe
heidn
noch gelacht
und kurz darauf
sei
er
dazu nicht mehr
in der lage
gewesen

so
unwirklich

poems

die

bleich
leich
unter der eich
bin ja ich

die geranien

unter meiner
grosshirnrinde
schlagen
aus

schnell
eine
tablette

vor dem gesetz

waren alle
gleich

beton
war
überall

nie hat

liebe gemeinde
jesus
ein weltcuprennen
gewonnen

seine unsportlichkeit
war
sprichwörtlich

nie hat
liebe gemeinde
jesus
für atomkraftwerke
gepredigt

sein fortschrittsglaube
war
beschränkt

nie
liebe gemeinde
hat jesus
die rekrutenschule
besucht

und

so einer
liebe gemeinde
soll
ein vorbild
sein

wenn die

hirten auf dem felde
in sprechchören
nach kinderzulagen
verlangen
weniger schafen
und sich
das jesuskindlein
im grab
umdreht

dann
bricht es an
das himmelreich
auf erden
dann
ist
das verheissene land
nicht
mehr
fern

heute

ist
ein sonniger tag

heute
wo
im schneetreiben
die hungernden
in den sanddünen
die erfrierenden
in den kasernen
die verschütteten
in den kirchen
die erschossenen
in den bahnhöfen
die gemarterten
auf den gletschern
die verfolgten
im schneesturm
die sterbenden

heute
ist
ein
sonniger
tag

ein

schultornister
im graben
liegt er
geöffnet
herausgeschleudert
das etui
das lesebuch
das rechenbuch
das sprachheft
mit den hausaufgaben

was
ich
einmal
werden
möchte

wenn der

tod
deine arterien verkalkt
deine finger
blau werden lässt
deine gedanken
austrocknet
und dich
aus deinen zahnwurzeln
müde anlächelt
dann
steh auf
von deinem schreibtisch
machdir
eine tasse kaffee
heb den
hörer ab
und lausche
dem summton

ich möchte dich nicht

beunruhigen
sagte f. zu ihrem mann
aber seit ich festgestellt habe
dass die stromrechnung nicht stimmt
einfach nicht stimmen kann
frage ich mich
woher dein zittern kommt
dein zischen und lispeln
dein zwinkern und schlottern
dein schaum vor dem mund
dein herzschlag im lautsprecher
dein zahn- und nägel- und haarausfall
die glut in deinen augen
der dampf aus deinen ohren
dein siedendes, brutzelndes, duftendes fleisch

wo
ist
der
pfeffer

bad

bädchen
faden
fädchen
knabe
knäbchen
wade
wädchen

made
mädchen

noch hat es

schnee
geschneit

noch
regnet es
regen

noch
ist es
der wind
der weht

noch
war es
die sonne
die schien

noch
war ich es
der die
hand
erhob
gegen
das
grauen

mein lachen

schrie
leise
ins
mit sand
gefüllte
kissen
und
weinte
hohle tränen
aus
teer

m-iko

-amen
f-tal
t-aid
r-ona
h-e
l-ikon
s-
t-t
-tra
-orbitant
-zellent
-il
-el
-akt
-humieren

null
spuren
hinterlässt nur der

-

wenigstens

bin ich
nicht
allgemein
gestorben

der geschmack

von freiheit
beim wählen
der zigarettenmarke

der geschmack
von abenteuer
beim amputieren
des
raucherbeins

nächs

ten
lie
be

ruhe
und
ord
nung

helm
auf

rotten wir

die fantasie aus

bauen wir
strassen
hochhäuser
parkplätze

konsumieren wir
fakenews
whisky
burgerkings

shoppen wir
greifen wir
schlagen wir
zu

brennen wir
nieder
löschen wir
aus

die fantasie
ist nicht
umzubringen

eine kritische frage

an dieser stelle
sei
nicht erlaubt
frische getränke in schulbussen zu konsumieren
sei
eine sünde
die fröhlichkeit des geistes
in den turnschuhen der zeit
verliere
sich
im plastilin
deiner lippen

erkundige dich
ob du
noch lebst

friss
nicht alles
was sie dir
hinstellen
einbrocken
einlöffeln
sondern
erlöse dich
von dem bösen

schau dort
die girlande am osterteich
denk nicht
du versänkst im gewühl
deiner steppdecke
verschwändest
im infernalischen echo
deines blinddarms

sei leise
sprich nicht
hör nicht zu
paula
hörst
du
hör
nicht
zu

mein weg

führt
von einer garage
zur
andern

kaum

sass ich an meinem laptop
begann es
zu tippen

kaum
hatte ich mich erhoben
hörte es
auf

meine
lebenserwartung

sinkt
und
sinkt
und
sinkt
und
sinkt
und
sinkt
und
sinkt
und
sinkt
und
sinkt
und
sinkt
und
sinkt
und
sinkt
und

sinkt

massnahmen gegen den tod

stirb nicht
stirb nicht
stirb nicht
stirb nicht
stirb nicht
stirb nicht
stirb nicht
stirb nicht
stirb nicht
stirb nicht
stirb nicht
stirb nicht
stirb nicht
stirb nicht
stirb nicht
stirb nicht
stirb nicht
stirb nicht
stirb nicht
stirb nicht
stirb nicht
stirb nicht

ich liege

im streckbett
und werde gestreckt
und gestreckt
schrecklich gestreckt

die muskeln
reissen
die sehnen
reissen
die knochen
brechen
das gewebe
zerplatzt

mein gesicht
klafft auf
und
mein letzter schrei
fällt weich
auf das kissen
im
schnee

die untaten

sind schrecklich
die taten
ungeheuerlich
die konsequenzen
fatal

wir tun
unser bestes

könnte ich fliegen

wohin flöge ich

könnte ich gehen
wohin ginge ich

könnte ich sprechen
was spräche ich

könnte ich denken
was dächte ich

könnte ich sehen
was sähe ich

könnte ich lesen
was läse ich

könnte ich fühlen
was fühlte ich

könnte ich bleiben
wozu bliebe
ich

überall

herrschte
ein
tohuwabohu

singvögel und feldhasen
starben aus

gletscher
schrumpften

fleischberge
türmten sich
auf

am schrecklichsten
waren
die hupkonzerte
gegen
den
klimawandel

mein selbstmörder

lachte
sich

tot

gibt es hoffnung

die zerstörung
der welt
ist nicht
aufzuhalten

die vernichtung
der welt
ist
voraussetzung
für das
überleben
der menschheit

wenn ich

zeit hätte
zu tun
was ich wollte
was alles
täte ich

wäre ich
tot
wieviel zeit
hätte ich
zu tun
was ich täte
lebte
ich

die steigeisen

in meiner lunge
sind eingefroren
verschlafen
sitzt der schwan
am klavier
und klimpert
das traurige lied
vom frost

edel

sei
der mensch gewesen
hilfreich
und gut

wer
lacht
da

der wald

hat
null ps
keinen komfort
keine verstellbaren sitzflächen
weder vierradantrieb
noch gute strassenhaltung
weder ist er zuverlässig
noch
ausgesprochen
langlebig

herr b.

stoppte an der kreuzung
beschleunigte
heulte auf
kreischte
schleuderte
durchschlug das geländer
überschlug sich
stürzte in den fluss
und
ertrank

später holte man ihn mit einem kran wieder
herauf
brachte ihn zum friedhof
wo
man ihn
verschrottete

der schüler karl s.

hochbegabt
sensibel immer fröhlich
nahm teil am spontanen wettkampf
wer zuerst unten sei im keller
vor dem materialraum
papier zu holen
zeichenblätter und hefte
und lachte und schrie wie die andern
los rief er
und schon war er zuhinterst
in der gruppe
der letzte
nach den ersten treppenhausstufen
im dritten stock
und lachend
bestieg er
das treppengeländer
euch werd ichs zeigen
und sprang

dem lehrer den eltern
den kameraden
wars unerklärlich
und sie weinten
viel um ihn
den schüler karl s.

keinesfalls

sei die pressefreiheit
bedroht
natürlich seien
hie und da
zugeständnisse
im interesse der inserenten
nicht zu umgehen
nie jedoch
würden
die rechte zur veröffentlichung
der wahrheit
betroffen
dass nun
die redaktion
im einverständnis mit dem verleger
auf den abdruck der passage
verzichtet habe
sei nicht
auf druckversuche
der waffenindustrie
zurückzuführen
der satz
sei ja schliesslich
bekannt
in der öffentlichkeit
sei ja schliesslich

nachschlagbar
und so selbstverständlich
dass er gestrichen werden könne
der satz
man
solle
nicht
töten

ein gneiches

übej annen gipfenn
ist juh
in annen wipfenn
spüjest du
kaum einen hauch
die vögenein schweigen im wande
wajte nuj bande
juhest du auch

ohne dem

sonnenschein
etwas entgegensetzen zu können
spreche
ich doch immer wieder
gerne davon
dass die
arie
die du zu meinem geburtstag
erfunden hast
im winter
niemals gesungen werden kann

so
alt
bin ich
schon

die schreie

der
gemarterten
gefolterten
gefesselten
vertriebenen
geschlachteten
verhungerten
entwurzelten
erstickten
ertrunkenen

vor den
milliardären
dieser
welt

klangen
verführerisch

die
aktien
stiegen

ausgestorbene

eidechsen
kräuter
schmetterlinge
verfinstern
die bläue
meiner adern
reissen sie
auf
entwurzeln die
windungen
meines herzens
fressen sich ein
in die augen
und lösen
sie ab

die haut
der welt

hinter der

morgenstunde
angelehnt an unerträgliches
stand sie
kurzgeschoren
kleingebrannt
frühverstorben

niemand
der nicht ohnehin
aufgestanden wäre

als ich wie

ein türke redete
und schwieg
wie ein stummer
und rannte
wie der beinamputierte
und verzweifelte
wie die krebskranke
und starb
wie der alte mann im granatfeuer
lag ich wach
neben mir
und träumte
vom glück
dieser erde

eines nachmittags

um 14 uhr 21 sass ich
zufälligerweise
am laptop
und schrieb
dass ich am laptop sässe
und schriebe

kurz darauf
ging der strom aus
sieben bücher fielen
von den regalen
und der kühlschrank
verlor die kontrolle über seinen inhalt
und kotzte auf den küchenboden

so eine schweinerei
dachte ich
stand auf
ging in die küche
und ass ein yoghurt

so fein

my aasgeier

is waiting
for
me

i'm
doing
my
best

heut ist

der tag der angst

angst vor morgen
gestern und
übermorgen

angst vor
ihnen
euch und
uns

angst vor
geburt
leben und
tod

angst vor
krebs
herzinfarkt und
demenz

angst vor
stromlücken
energiewende und
akws

angst vor

aussenwelt und
innenwelt
allem und
jedem
immer und
ewig

angst vor
liebe und
hass
starken und
schwachen
mücken und
elefanten
eingängen und
ausgängen
dem sonnenaufgang
dem weltuntergang
dem letzten gang

heut ist
der tag der angst

der nichtkönner

der nichtschwimmer
der nichtraucher

der nichtschwule
der nichtkiffer

der nichtmann
der nichtpapst

der nichtnichtschwimmer
der nichtnichtraucher

die nichte

der rechte winkel

in deinem
herzen
mann
lässt mich
erschauern

das leben

ist wie
ein bügeleisen
in der
hand
eines
manns

die autos

in meinem kopf
lassen ihre motoren laufen
auch wenn sie
warten auf dem parkplatz
in der garage
vor den lichtsignalen
ihre zahl
nimmt zu in meinem kopf
und meine windungen
werden begradigt
ausgebaut
korrigiert
saniert
planiert
und die scheinwerfer
leuchten weit
hinaus in die
neuen ebenen
erhellen die neue leere
und die motoren
heulen auf
im neuen
nichts

1

der tag
an dem

starb
war kein besonderer tag
das leben ging
weiter
nts
fehlte

2
schlief
?
träumte
?
war

bei sinnen?
wo
war
?
wer
war
?
was
tat
?

konnte

leben
ohne
m?

3
und unter
einem zürcher tram
erwachte

ganz leise
ganz langsam
und es begab
s
dass 1 krankenwagen
heranbrauste
1 polizeiauto
und viele lebende
das begafften
was
sie vorstig
unter dem tram
hervorzerrten

war
tot

4
in wirklkeit

war

nie

gewesen

u14

vorbei
u17 u19 u21
vorbei
vorbei auch
u23 u30 u40 u50 u60
u70

was bleibt
sind
ualtersheim
upflegeheim
ukrematorium

u75

bei den u75
spiele ich
auf dem linken
flügel

und verteidige
die rechte

auf
liebe
gerechtigkeit
und
frieden

mein leben lang

bin ich mir
aus dem weg
gegangen

mein leben lang
hab ich mich
verleugnet

nun aber
ist es zeit
mir und
der wahrheit
ins auge
zu blicken

doch vorher
noch schnell
ein blick auf
die lottozahlen
das fernsehprogramm
und
in
den kühlschrank

angst

nein
ich hab
keine angst
vor ihm
dem
tod

nein
dazu
ist es
noch
zu früh

angst
hab ich
erst dann
wenn er
vor mir steht
mich anstarrt
an meine
schädeldecke klopft
und mir
zuflüstert

komm

wenn ich

endlich mal
zeit
hab
aufgeräumt
alles sortiert
geordnet
geregelt entsorgt

dann

bring
ich
mich
um

früh übt sich

wer es
zu nichts
bringen will

keine kunst

nichts tun
was nicht alle
tun

nichts
denken
was nicht alle
denken

so sein
wie alle sind
so handeln
wie alle
handeln

früh übt
sich
wer ein
nichts
werden will

jaja

die freuden
des lebens
machen
dieses nämlich
aus
das leben
dein leben
unser leben

die weinbergschnecke
die die waldwegüberquerung
überlebt
die katze
die schnurrend dein kraulen
geniesst
die kundin
der du bei der kasse
den vortritt
lässt

jaja
die kleinen freuden
in deinem leben
machen es aus

dein

leben

also
machs
gut

plötzlich

war er da
der nagelpilz
befiel
fuss links
fuss rechts
zerstörte die nägel
links wie rechts
war nicht mehr
wegzubringen

salben
tinkturen
nagellacke

schneiden
feilen
schleifen

pflege
hege
jahrelang

ein trost
blieb

er

überlebte mich
der pilz

und wurde
danach
mit
mir
kremiert

so nahm ich

meine hände
und führte
mich
bis an mein lebensende
auch ohne
dich

auch ohne
dich

ohne dich
konnt ich
gut leben
sehr gut sogar
und besser

ja
ohne dich

nicht jedoch
ohne mich

nicht
ohne
mich

heut hatt ich

mein letztes frühstück
hätt ich
gewusst
dass es mein letztes
war
hätt ich was andres
gegessen

quittengelee
statt
erdbeerkonfitüre
bauernzopf
statt
vollkornbrot
haselnussyoghurt
statt
mit bananen

immerhin
hatt ich
zum allerletztenmal
den italienischen
filterkaffee
der so gut
schmeckt

immerhin

bin das ich

der dort am gehsteigrand
steht
die strasse
überqueren will
auf ein auto wartet
das anhält
dich hinüberlässt
auf die andere seite

bin das ich
der links schaut
dann rechts
sich dann entscheidet
zu gehen
obwohl
in der ferne
ein auto auftaucht
wie aus dem
nichts

bin das ich
der durch die luft
geschleudert wird
aufprallt
auf dem teerbelag
den letzten atemzug

den letzten herzschlag
tut
tat

war das ich
dort

martin christen
1949 in rothrist ag, schweiz, geboren
ausbildung zum bezirkslehrer an der universität zürich
bezirkslehrer in spreitenbach ag bis 2014
publikationen:
- todsicher. ein stück beznau. bod 2016
- kunststiftung als kunstfälscherin.
dokumentation 2018
- der sarg. roman. bod 2020
- achgott. und andere dialoge. bod 2021
- ich - dazu fällt mir nichts ein. kurzstorys
und poems. bod 2021
- zahlreiche, unveröffentlichte texte

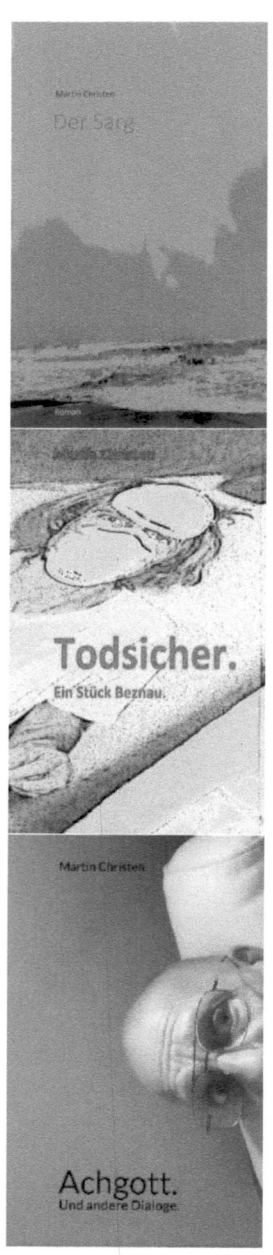

martin christen
der sarg

politkrimi der besonderen art. mit:
dem plötzlich aufgetauchten sarg.
hubert heiden, einem ehemaligen
lehrer und politiker.
amélie froidevaux, einer
französischen bäckerin.
flucht, terror und schauplätzen in
der schweiz und in südfrankreich.
aussergewöhnlich. realitätsnah.
bod 2020

martin christen
todsicher. ein stück beznau.

ein supergau im ältesten
atomkraftwerk der welt und seine
unmittelbaren folgen.
ein stück, das unter die haut geht.
realitätsnah.
todsicher.
bod 2016

martin christen
achgott. und andere dialoge.

humorvolle gespräche
zwischen ihm und ihm, heidn
und achgott. tiefsinnig,
philosophisch, witzig.
lesenswert.
unterhaltsam.
bod 2021